CHAMBRE DE COMMERCE DE REIMS

DU

PROJET DE LOI

SUR LES PROTÊTS

Séance du 16 Mars 1885

REIMS

IMPRIMERIE ET LITHOGRAPHIE MATOT-BRAINE

6, Rue du Cadran-Saint-Pierre, 6

1885

CHAMBRE DE COMMERCE DE REIMS

DU

PROJET DE LOI

SUR LES PROTÊTS

Séance du 16 Mars 1885

REIMS

IMPRIMERIE ET LITHOGRAPHIE MATOT-BRAINE

6, Rue du Cadran-Saint-Pierre, 6

1885

Présidence de M. A. WALBAUM, *Président*

DU PROJET DE LOI SUR LES PROTÊTS

La Chambre approuve et transforme en délibération le rapport suivant, préparé par son Secrétaire :

Il est certainement désirable que la législation relative aux protêts soit aujourd'hui réformée comme beaucoup d'autres points de notre législation commerciale et mise en harmonie avec nos mœurs, les habitudes actuelles du commerce, la rapidité des communications, l'extension extraordinaire de l'emploi de la lettre de change, du billet à ordre et du chèque, que le législateur de 1807 n'avait pu prévoir et d'où sont nées des nécessités et des besoins auxquels la loi actuelle ne donne qu'une satisfaction imparfaite.

Le projet soumis à la Chambre des Députés répond-il à tous les desiderata du moment, aux usages commerciaux, aux habitudes de tolérance nées de la force des choses, ainsi qu'à l'activité qui préside aux affaires ?

Il nous est au moins permis d'en douter, car il laisse subsister des prescriptions surannées, depuis longtemps tombées en désuétude et qu'il aggrave encore, ainsi que des délais qui ne sont plus en rapport avec la rapidité d'exécution des relations commerciales et la sécurité pour ainsi dire immédiate qu'elles exigent.

Nous examinerons successivement les nouvelles dispositions du projet et nous présenterons sous chaque article les observations qu'elles nous auront suggérées.

Article premier du Projet

Les articles 162, 165, 166 § 2, 167, 173, 174, 176 du Code de commerce sont abrogés et remplacés par les dispositions suivantes :

Art. 162

Le refus de paiement doit être constaté le lendemain, ou, au plus tard, le surlendemain du jour de l'échéance par un acte que l'on nomme « protêt faute de paiement ».

Dans cet article, la modification consiste dans la faculté laissée au tiers porteur de ne faire faire le protêt que le deuxième jour qui suit l'échéance.

Nous rappellerons à ce sujet les observations déjà présentées par la Chambre de Commerce de Reims, en 1880, et qui se résument ainsi :

Ajouter un jour de plus au délai existant pour la constatation du défaut de paiement, ce n'est pas faciliter la stricte exécution de la loi, c'est, en fait, retarder simplement d'un jour l'échéance de la traite au profit de mauvais débiteurs.

C'est une étrange illusion de croire qu'un jour de plus ajouté au délai actuel donnerait une minute de plus à l'officier ministériel pour rédiger son protêt et satisfaire strictement au vœu de la loi, puisque la constatation du défaut de paiement, malgré la latitude laissée par le projet actuel, continuera fatalement, conformément à l'usage, à se faire à la limite extrême du délai, quel qu'il soit, fixé par le législateur.

La loi actuelle a tout au moins l'avantage d'être consacrée par une expérience de près de 80 ans et elle ne doit être modifiée que pour faire place à des mesures dont les avantages s'affirment à priori d'une manière incontestable.

La modification projetée est-elle de cette nature? Assurément non, et son adoption n'aurait d'autre résultat que celui-ci : ou accorder un jour de plus au débiteur pour le paiement, ou laisser l'option, soit au tiers porteur, soit à l'huissier, de protester le premier ou le second jour, et cette faculté de nuire au crédit du débiteur malheureux laissée à l'arbitraire du créancier ou de l'huissier ne peut être considérée comme une mesure de bonne justice distributive et créerait entre débiteurs de sommes échues le même jour une inégalité choquante, grosse de difficultés, ce qui est complètement inadmissible.

Enfin nous ajouterons, que ce n'est pas aujourd'hui, alors que le territoire est sillonné d'excellentes routes et chemins, et de voies ferrées qui rendent les communications faciles et rapides qu'il convient de revenir à la mesure d'un jour de grâce comme sous l'empire de la législation antérieure à 1807, alors surtout qu'aucune plainte, aucune réclamation du commerce n'est relevée contre les dispositions de la loi actuelle sur ce point.

L'exemple de la législation anglaise n'est pas à suivre ; le commerce anglais réclame au contraire l'adoption des dispositions de la loi française et l'abolition des trois jours de grâce accordés au débiteur pour se libérer.

Art. 165

Pour exercer son droit de recours, soit individuellement contre son cédant, un autre endosseur ou le tireur, soit collectivement contre les endosseurs et le tireur, le porteur doit dénoncer le protêt et à défaut de remboursement faire citer en justice, dans les 15 jours qui suivent la date de ce protêt, ceux contre lesquels il entend réserver son recours.

Chacun des endosseurs a le droit d'exercer le même recours individuellement ou collectivement dans le même délai.

A leur égard, le délai court du lendemain de la citation en justice ou du paiement.

La modification importante introduite dans cet article consiste dans l'addition des trois derniers mots du 3ᵉ paragraphe qui ne fait courir le délai de 15ᵉ qu'à partir, soit du lendemain de la citation, soit *du paiement*, c'est-à-dire du remboursement fait par un endosseur.

Nous pensons qu'il y a là une erreur de rédaction de la part des auteurs du projet et qu'ils ont voulu dire :

Que pour le recours des endosseurs les uns contre les autres, le délai courra, soit *du jour du remboursement fait amiablement*, soit du lendemain du jour de la citation en justice.

En effet, la rédaction du projet de loi laisse supposer que l'endosseur assigné, poursuivi en paiement, aura 15 jours pour exercer lui-même son recours à compter du paiement qu'il fera sur poursuites; ne voit-on pas où ceci peut conduire : après une condamnation par défaut suivie d'une autre contradictoire, après des poursuites longues et onéreuses exercées contre lui, l'endosseur aurait encore quinze jours pour exercer son recours lorsqu'il se décidera enfin à faire le remboursement qui lui est demandé.

L'article doit donc être modifié dans le sens que nous

venons d'indiquer, c'est-à-dire que le délai courra, soit du jour du paiement amiable, soit du lendemain de la citation.

Nous exprimerons aussi le désir de voir abréger ce délai de 15ᵉ qui pouvait s'expliquer en d'autres temps, mais n'est plus nécessaire aujourd'hui en présence des communications rapides dont on dispose et nous estimons qu'il peut être réduit de moitié sans le moindre inconvénient.

On pourrait également modifier la loi du 22 frimaire an VII et celle du 24 mai 1834, qui accordent quatre jours pour l'enregistrement du protêt et réduire ce délai à deux jours, les bureaux d'enregistrement étant aujourd'hui plus nombreux, plus rapprochés et plus facilement accessibles.

ART. 166 § 2

Le délai pour le recours à l'égard des lettres de change tirées de France et payables hors du territoire continental de la République, est réduit de 2 mois à 1 mois pour celles qui sont payables en Corse, à l'Ile d'Elbe, en Angleterre et dans les Etats limitrophes de la France.

Nous approuvons cette disposition en tant qu'il s'agit du recours d'un endosseur ou du tiers porteur étranger contre un endosseur domicilié en France, mais dans le cas où le recours est exercé entre tiers porteur, endosseurs et tireurs domiciliés en France, c'est le délai de l'art. 165 qui devrait être appliqué.

Nous estimons aussi qu'il ne serait pas téméraire d'abréger également les délais fixés pour les valeurs payables dans les autres Etats de l'Europe, celles payables sur les côtes septentrionales et orientales d'Afrique, les échelles du Levant et les Indes.

Les délais de 4 mois, 6 mois, 1 an et 2 ans de la législation de 1807 ne nous paraissent plus aujourd'hui

justifiés en présence de la navigation à vapeur et de
l'ouverture du canal de Suez.

Art. 167

Le porteur d'un effet protesté doit, dans les deux jours de la
connaissance qu'il a du protêt, en donner au tireur un avis sommaire
indiquant les nom et domicile du tiré, les causes du non-paiement et
le montant de l'effet.

Nous ne croyons pas devoir accepter cette prescription
pour plusieurs motifs.

D'abord, elle n'a pas de sanction possible ; puis, le délai
indiqué est des plus vagues, car le tiers porteur peut
n'avoir connaissance du protêt que 3, 4 et même 5 jours
après qu'il a été dressé ; d'autre part, le tireur de la lettre
de change, ou le bénéficiaire de l'effet dont la signature
n'est pas toujours lisible, peut n'être pas connu du tiers
porteur, enfin cette prescription, sans pénalité ni
déchéance, ou tomberait en désuétude, ou serait une
entrave aux négociations qu'elle grèverait de frais
nouveaux que les banquiers se trouveraient nécessairement
autorisés à ajouter au coût du protêt.

La Chambre de Commerce de Paris estime que tout
tireur ou bénéficiaire désireux de connaître à bref délai le
sort d'un effet ou d'une lettre de change, peut joindre à
cette valeur, au moment de la négociation, une simple carte
postale portant au recto son adresse et, sur le verso, les
renseignements à remplir. Le dernier porteur de l'effet
s'empressera, ajoute-t-on, de lui renvoyer cet avis
d'encaissement ou de refus de paiement à l'échéance. Mais,
d'une part, ce mode de joindre une carte postale à chaque
valeur et de la transmettre ainsi dans les mains de chaque
endosseur successif jusqu'à l'échéance, ne nous paraît

guère pratique ; d'autre part, n'est-ce pas discréditer tout à la fois le tiré et la valeur émise ?

Cette mesure, dira-t-on, ne sera prise qu'exceptionnellement, car les tireurs connaissent presque toujours la situation et le crédit des tirés ; c'est pourquoi nous repoussons une prescription générale et absolue : on ne légifère pas pour l'exception, et nous croyons qu'il est préférable de laisser à chacun le choix du mode à employer, soit carte postale ou simple mention : *Avis d'encaissement*.

ART. 173

Les protêts, faute d'acceptation ou de paiement, sont faits par un notaire ou par un huissier.

Le protêt doit être fait au domicile ou au lieu où la lettre de change est payable, au domicile des personnes indiquées par la lettre de change pour la payer au besoin,

Au domicile du tiers qui a accepté par intervention,

Le tout par un seul et même acte.

En cas d'indications fausses ou insuffisantes, l'acte constate que le débiteur n'a pas été trouvé.

Le texte de cet article reproduit, sauf de légères modifications, les dispositions actuelles, mais il suggère cependant plusieurs réflexions.

I. — Et d'abord, comme l'ancien article, il décide que le protêt faute de paiement d'un effet, avec besoin indiqué, et l'intervention qui en sera la suite, seront dressés par un seul et même acte.

Mais depuis longtemps, s'inspirant tout à la fois de l'art. 158 qui porte que : L'intervention ou le paiement seront constatés dans l'acte de protêt *ou à la suite de l'acte*, et du tarif du 23 mars 1848, qui indique des émoluments d'original et de copie pour l'intervention, les officiers ministériels dressent deux actes distincts qui donnent lieu, non seulement à des émoluments doubles, mais à deux droits d'enregistrement, de telle sorte que les frais de protêt d'une pareille valeur sont doublés. Il convient de faire disparaître cet abus en supprimant le membre de phrase de l'article 158 qui y a donné lieu, ainsi que la partie du tarif qui y a rapport.

II. — Le second paragraphe de cet article paraît laisser, à l'officier ministériel qui dresse le protêt, le choix entre le domicile (du tiré) et le lieu où la lettre de change est payable. Cette rédaction doit être modifiée de la manière suivante :

Le protêt doit être fait *au lieu indiqué pour le paiement, et à défaut d'indication de cette nature, au domicile du tiré, ou à son dernier domicile connu*, et le reste comme dans le projet.

III. — On ne peut qu'applaudir à la suppression du protêt de perquisition et des frais considérables qu'il occasionnait sans aucune utilité.

Art. 174

Cet article détermine la nouvelle forme du protêt qui serait dressé en trois parties : la souche, le protêt proprement dit et l'avis de protêt à laisser au débiteur.

Nous ne pouvons approuver cette disposition qui laisse subsister la prescription de l'art. 176, relative à la copie à laisser au débiteur, copie qui, dans le projet, est remplacée par le bulletin détaché du livre à souches.

Cette prescription de la loi de 1807 est tombée en désuétude depuis longtemps, et cet abandon fait honneur tout à la fois à l'état de nos mœurs, aux officiers ministériels qui étaient intéressés à son maintien et au pouvoir qui l'a toléré. On ne peut concevoir en effet que l'huissier puisse s'installer dans le magasin ou la boutique du commerçant pour y dresser cet acte si grave, si nuisible au crédit, que l'on nomme protêt.

Qu'est-ce donc en effet que le protêt? Aux termes mêmes de la loi, ce n'est qu'un procès-verbal de constat dressé par un officier ministériel assermenté et auquel foi est due jusqu'à inscription de faux. Quelle est la nécessité de cette copie que le débiteur ne réclame jamais? Nous ne prévoyons qu'un seul cas où elle puisse lui être utile, c'est lorsqu'il fait offre de payer une somme inférieure au montant de la lettre de change présentée et pour ce cas unique, il peut demander que la réponse soit constatée sur la lettre de change elle-même, ou demander une copie qui peut lui être adressée le jour même et par lettre chargée.

Nous ne pouvons trop nous élever contre cette résurrection d'une mesure surannée et que l'on aggrave encore par la délivrance d'un bulletin détaché d'un livre à souches, ce qui ne permettra, soit pour le cas d'absence, soit pour le moindre retard, au débiteur malheureux, de se libérer le jour même, après présentation, sans avoir à subir l'existence de ce protêt, dont la trace sera désormais indestructible. Avec le projet actuel, personne, s'il ne tient caisse ouverte de 6 heures du matin à 9 heures du soir, n'est assuré de ne pas être protesté, et l'on sait quelles conséquences peut avoir un protêt, non seulement pour le débiteur, mais encore à l'égard de tiers qui y sont étrangers, si plus tard arrive l'état de faillite.

Si c'est par mesure fiscale que cette prescription est maintenue, nous lui préférerions tout autre impôt que cette fiscalité sur la gêne et la misère.

Les législations étrangères récentes sont beaucoup moins exigeantes que la nôtre sur ce point.

L'art. 87 de la loi allemande sur le change détermine les conditions et la forme du protêt, et ne fait pas mention d'une copie à remettre au débiteur.

D'après la loi anglaise, le protêt n'est nécessaire que pour les valeurs tirées de l'étranger. Quant à celles de l'intérieur, un simple avis verbal ou écrit de non acceptation ou du refus de paiement suffit pour conserver le recours.

Le Code de commerce espagnol prescrit la délivrance d'une copie, mais il n'est, pour ainsi dire, que l'imitation presque servile du Code français et il date de 1829.

Nous estimons donc que la copie du protêt doit être supprimée ; que la pratique, d'une moralité douteuse, du timbre représentatif de cette copie non délivrée apposée sur le protêt et dont profite le fisc, doit disparaître et que l'huissier ne doit être tenu qu'au dépôt d'une carte-adresse indiquant la somme à payer.

ARTICLE 2 DU PROJET

Cet article décide que les huissiers *d'une ville* peuvent, par décret, être autorisés à confier, sur leur responsabilité, la rédaction des actes de protêt et l'accomplissement des formalités prescrites en cette matière à des clercs assermentés.

Cette disposition est bonne, mais elle nous paraît devoir être étendu à tous les huissiers qui en feront la demande et ne doit pas être restreinte aux seuls huissiers des villes. Cette distinction est d'abord très vague, car on ne peut exactement dire où commence la ville et où finit le bourg et le village, puis ce serait créer des catégories d'huissiers et constituer entr'eux une concurrence, une inégalité qui ne doivent pas exister.

D'autre part, ce n'est pas la rédaction du protêt qui

pourra être confiée aux clercs assermentés, mais seulement la présentation de l'effet. Le protêt — sans copie délivrée, comme nous le demandons — sera rédigé au cabinet de l'huissier et signé tout à la fois de l'officier ministériel et du clerc qui aura fait la présentation et reçu la réponse du débiteur.

Le même article dit encore que l'indemnité de transport sera calculée sur la distance du chef-lieu de canton à la commune où le protêt est dressé.

Cette proposition, extraite du tarif criminel, peut être excellente, mais elle n'aboutira pas toujours au résultat qu'on a en vue : l'économie des frais. Il ne faut pas oublier, en effet, que nos divisions cantonales sont fort anciennes, que le chef-lieu du canton est souvent placé loin du centre, que beaucoup de communes sont parfois plus rapprochées du chef-lieu d'arrondissement ou d'un canton voisin que du chef-lieu de leur propre canton, et il arrivera qu'en prenant ce dernier point pour le départ ou le calcul de l'indemnité, celle-ci sera parfois plus élevée que celle qui serait calculée de la résidence de l'huissier instrumentant. En tous cas, ce mode de compter créerait des inégalités choquantes, et il est de bonne justice que l'égalité règne entre tous les justiciables.

Dans le seul arrondissement de Reims, on compte 24 communes plus rapprochées du chef-lieu d'arrondissement que du chef-lieu des cantons auxquels elles appartiennent, et certainement, cette situation se retrouve dans beaucoup d'arrondissements.

Il nous paraîtrait plus équitable, en nous plaçant au point de vue de la concurrence entre les huissiers d'un même arrondissement, et plus économique sous le rapport de l'intérêt commercial, de décider que l'indemnité de transport ne pourra être plus élevée que celle à laquelle aurait droit l'huissier le plus rapproché de la résidence du débiteur, en vertu, soit du tarif en vigueur, soit d'un nouveau tarif à établir, car à ce point de vue, il y a aussi quelque chose à faire.

ARTICLE 3 DU PROJET

Cet article prescrit la tenue du carnet à souches.

Si, d'après le système que nous proposons, la copie du protêt est supprimée, le carnet à souches est inutile et le registre de transcription est conservé.

Le même article soumet les protêts à un droit graduel d'enregistrement de 50 centimes par 100 francs, jusqu'à 5 francs.

L'enregistrement de la lettre de change étant aujourd'hui prescrit moyennant un droit proportionnel, nous pensons qu'il y aurait un double emploi de la proportionnalité en y soumettant l'acte de protêt.

Nous croyons devoir, en terminant, exprimer notre surprise de ce que le nouveau projet sur les protêts ne contient aucune disposition relative à l'abus des comptes de retour, au moyen desquels on grève la lettre de change des frais d'une nouvelle opération d'escompte sans utilité.

Reims. — Imprimerie Matot-Braine.

REIMS. — IMPRIMERIE & LITHOGRAPHIE MATOT-BRAINE